Ex Libris

Der Kleine TaschenFreund

MIX
Aus verantwortungs-
vollen Quellen
FSC® C022120
FSC
www.fsc.org

ISBN 978-3-649-62987-0

Hafenweg 30, 48155 Münster, Germany

Redaktion: Kai König

Textsatz: Internetlitho, Münster

Printed in Slovakia

www.coppenrath.de

Das Leben in vollen Zügen

Heitere Pendlergeschichten
für Ein- und Aussteiger

Mit Illustrationen von Kai Würbs

COPPENRATH

Inhalt

In der Straßenbahn 8
Luigi Malerba

Übergangsreisender 11
Axel Hacke

Pendelzug 17
Thomas Göthel

Die Omnibusse 26
Charles Dickens

From Tübingen to Böblingen with love 30
Wladimir Kaminer

Vereinfachung im Eisenbahnverkehr 37
Hermann Harry Schmitz

Radlers Seligkeit 40
Richard Dehmel

Pendeln auf zwei Rädern 42
Stefan Pinnow

Augen in der Großstadt 49
Kurt Tucholsky

Verkehrserziehung ist gut, aber … 52
Carlo Manzoni

Eine Fahrt mit der G-Bahn 58
Joachim Ringelnatz

Matthäus-Passion 65
Jess Jochimsen

Es ist gefährlich, im Bette zu liegen 72
Mark Twain

Pendel(ab)gründe 79
Käthe Lachmann

In der Straßenbahn

von Luigi Malerba

Ubaldone war ein sehr zerstreuter Mann. Eines Morgens als er noch zerstreuter war als gewöhnlich, bestieg er die Straßenbahn, um ins Büro zu fahren. Es regnete, es schneite, der Wind blies, und hie und da fielen auch ein paar Hagelkörner. Was für eine hässliche Jahreszeit! Es war in der Tat Frühling, und im Frühling ist das Wetter bekanntlich immer ein wenig verrückt. Ubaldone sah auf seine Armbanduhr, aber er merkte sofort, dass er sie zu Hause liegengelassen hatte. Er fragte jemanden, der neben ihm saß, nach der Zeit.

„Es ist kurz vor halb neun", antwortete der.

„Mein Gott, schon so spät!", rief Ubaldone, der genau um halb neun im Büro sein musste.

Die Straßenbahn ratterte schnell über die Schienen. Zum Glück wurde sie von einem äußerst geschickten Fahrer gelenkt, der sie behende durch den Verkehr steuerte und sogar einige Überholmanöver riskierte. Einmal fuhr er mit einem Rad über den Bürgersteig und hätte fast eine alte Frau überfahren, dann nahm er seine rasende Fahrt wieder auf.

Ubaldone fragte seinen Nebenmann erneut nach der Zeit.

„Es ist zwanzig nach acht“, sagte dieser.

Was für ein Glück, dachte Ubaldone, in eine Straßenbahn geraten zu sein, die so schnell fährt, dass sie auf der Uhr Zeit gewinnt. Die Straßenbahn fuhr und fuhr – immer weiter durch Sonne und Regen. Ubaldone wischte sich den Schweiß von der Stirn und fragte seinen Nebenmann wieder nach der Zeit.

„Es ist zehn nach acht“, sagte dieser.
Ubaldone dankte ihm mit einem Lächeln. Dann sah er zum Fenster hinaus und merkte mit Entsetzen, dass er sich in einem ganz anderen Stadtteil befand als dem seines Büros.
„Du liebe Zeit!“, rief Ubaldone, „ich habe die Straßenbahn in die verkehrte Richtung genommen!“
Jetzt begriff er, wieso auch die Uhr seines Nebenmanns verkehrt herum ging. Er näherte sich dem Ausgang, um an der nächsten Haltestelle auszusteigen und die Straßenbahn in die andere Richtung zu nehmen. Es fehlten gerade zwanzig Minuten bis zur Öffnung seines Büros, und er konnte noch pünktlich um acht Uhr dreißig dort sein.

Übergangsreisender

von Axel Hacke

Ich liebe es, mit der Bahn zu fahren (→ *Anschlussmobilität, Fahrgastwunsch*). Jahr für Jahr lege ich Tausende von Kilometern zurück, bequem in Großräumen oder Abteilen sitzend, lesend, schreibend, nachdenkend, während man mich von A nach B transportiert oder von B nach A, gerne auch von C nach D. Ich genieße es, transportiert zu werden, ohne etwas tun zu müssen, als eine Fahrkarte zu kaufen, mich den Lokführern zu überlassen, den „Zugbegleitern“ und den „Zugchefs“ mit ihren Teams. Ich mag es, aus dem Fenster zu sehen und am Fahrgestell eines anderen Zuges in weißer Schrift etwas zu lesen wie: *508080-35 808-0 ABpybdzt.* Und zu wissen, dass ich von Menschen umgeben bin, die wissen, was das bedeutet. *ABpybdzt.*

Die Welt des Bahnpersonals ist voller Geheimnisse. Viele Jahre lang wurden wir mit Durchsagen in den Speisewagen gebeten, die mit der Nachricht endeten, dass uns das ICE-Team „gerne erwarte“. Da saß man, hungrig und durstig, und überlegte, ob man es dem ICE-Team wirklich antun dürfe zu kommen, wenn es doch das Erwarten so liebe. Kaum würde man den Speisewagen betreten, wäre ja exakt jenes Erwarten beendet, welches das ICE-Team so gerne mag. Und wer möchte hart erwartenden Menschen das antun?
Kaum hatte ich dies durchgrübelt, wurde übrigens die Ansage geändert. Sie lautete fortan: „Unser freundliches Servicepersonal würde sich gerne auf einen Besuch von Ihnen freuen.“
Das ist das, was ich an der Bahnsprache auch schätze: ihre unglaubliche und rückhaltlose Ehrlichkeit. Wie das Servicepersonal da im Speisewagen steht und freundlich ist und sich so gerne auf uns freuen würde. Wenn es nur wüsste, wie das geht …

Es ist eben so, dass Menschen, die bei der Bahn arbeiten, grundsätzlich anders sprechen als wir. Zum Beispiel benutzen sie Wörter wie „Zuglaufteil". Auf irgendeinem deutschen Bahnhof, war es A?, war es B?, hörte ich kürzlich, wie per Lautsprecher die Weiterfahrt eines Zuges nach Hamburg angekündigt wurde „beziehungsweise mit Zuglaufteil in Richtung Bremen". Man hätte vielleicht auch „Kurswagen" sagen können, dachte ich, aber vielleicht ist ein Kurswagen etwas anderes als ein Zuglaufteil? Was wissen wir von Zuglaufteilen, außer dass sie die Richtung nach Bremen nehmen können? Nichts. Müssen wir auch nicht. Dürfen wir vielleicht gar nicht.

Der Zugbegleiter aber wird abends von seiner Frau gefragt, wie denn sein Dienst gewesen sei. Und er antwortet, er habe im Zuglaufteil in Richtung Bremen die Fahrgäste gerne erwartet. Dann sagt er noch, so nebenbei: „ABpybdzt". Und seine Frau sagt: „Du lieber Gott!"

So sehr sind wir gewöhnt, dass die Zugmenschen für uns unverständlich sprechen, dass wir bisweilen selbst ihre klarsten Sätze nicht verstehen. Zum Beispiel schreibt mir Herr H. aus München, er habe kürzlich im ICE, aus Stuttgart kommend, neben seiner Freundin gesessen, als er folgende Ansage hörte: „Eine betrübliche Durchsage. Ich brauche einen Zugbegleiter in Waggon 12."

H. schreibt, natürlich sei jedermann sofort klar, dass es „betriebliche Durchsage" heißen müsse. Aber aus irgendeinem Grunde hätten sowohl seine Freundin als auch er „betrüblich" verstanden und sich ausgemalt, was so betrüblich sein könne, dass man zu seiner Bewältigung einen Zugbegleiter brauche, ob eine Naturkatastrophe oder ein Terroranschlag sich ereignet habe und vielleicht Train-

Marshalls auf diese Weise angefordert würden, um einen gemeingefährlichen Fahrgast zu überwältigen.
Jedenfalls scheint es so zu sein, dass wir unwillkürlich dem Zugpersonal eine gewisse Neigung zur Melancholie unterstellen, wenn wir statt „betrieblich" das Wort „betrüblich" hören. Wir hören quasi das Bedauern des Ansagenden mit, dass nun der Zugbegleiter den langen, beschwerlichen Weg durch den wackelnden und wankenden Zug anzutreten habe, bis hin zu Waggon 12, wo der Zugchef ihn gerne erwarte. Und wir spüren etwas von der Schwere des Dienstes, der an uns verrichtet wird.
Es ist einige Wochen her, da verkündete mir die Lautsprecherstimme im ICE nach Verlassen des Bahnhofs in A, der Zug habe einige Minuten Verspätung: „Diese wurde verursacht wegen Aufnahme von verspäteten Übergangsreisenden."
Ach, allein das Wort „Übergangsreisender" … Ich las damals gerade das jüngste, von Sebastian Haff-

ner posthum erschienene Buch *Das Leben der Fußgänger*, eine Sammlung seiner Feuilletons aus den dreißiger Jahren. Darin: ein Text über den „Mitreisenden", jenes lästige Geschöpf, das einem im Zug die Fensterplätze wegnimmt, Gespräche aufdrängt, wenn man lesen will, und beim kleinsten Nickerchen schnarcht wie ein sterbender Wolfshund. Ich aber setze nun gegen den Mit- den Übergangsreisenden: das gehetzte Geschöpf, das von einem Zug zum anderen eilt, schwitzend und voller Angst, den Anschluss zu verpassen, Zuglaufteilen hinterherlaufend, schuldlos verspätet, dadurch weitere Verspätungen verursachend. Der Übergangsreisende: grundlos geschunden, das Leben durchhastend. Ist nicht unsere ganze Existenz ein Übergang? Sind wir nicht alle im Grunde Übergangsreisende? Und was würde aus uns, gäbe es nicht immer wieder das Bahnpersonal, das uns „Aufnahme" gewährt? Es wäre doch ein sehr betriebliches Leben.

Pendelzug

von Thomas Göthel

Kennen Sie Mathilde Mayer-Schossenstieg? – Nein? Sehen Sie, das ist das Problem.
Ich habe viele Leute gefragt: meine Frau, meinen Metzger, meine Ergotherapeutin, ja, sogar meinen Sachbearbeiter bei der kommunalen Prüfstelle zur Gewährleistung der Biodiversität grundstücksbegrenzender Pflanzenarten. Keiner kennt Mathilde Mayer-Schossenstieg.
Ich finde das beunruhigend: Mathilde scheint überhaupt nicht zu existieren. Mir jedenfalls würde es Angst machen an ihrer Stelle. Ich überlege, wie es sich wohl anfühlt, so jemand zu sein:
Frau Mayer-Schossenstieg sitzt wie ich im Zug und fährt zur Arbeit. Sie hat ihren Laptop auf dem Schoß und lädt schon mal ein paar Ideen für den heutigen Tag auf den Server. Wahrscheinlich be-

nutzt sie einen Alias. Vielleicht nennt sie sich dort Pendolina. Jedenfalls nicht Mathilde Mayer-Schossenstieg. Sie ist erfolgreich und wichtig. Sie hat viel Traffic auf ihrer Plattform. Aber hier im Zug kennt sie niemand. Hier ist sie weder Pendolina noch Mathilde. Hier ist sie eine mit Textilien umhüllte Zellstruktur, die man nach Möglichkeit nicht anrempelt. Oder vielleicht doch, wenn man etwas mehr Platz möchte. Mathilde ist eine, die man schon vergessen hat, noch bevor man auf die Idee kommt, sie genauer anzusehen.

Eigentlich war es schon immer so. Im Kindergarten kannten die anderen Kinder nicht mal ihren Namen. Sie war nur „die da“. In der Grundschule überhörte sie am Ende der ersten Pause den Gong. Sie blieb auf der Schaukel sitzen, und als die Kinder zur zweiten Pause wieder auf den Schulhof stürmten, saß sie immer noch da. Keiner hatte sie vermisst.

Richtig Methode bekam Mathildes notorische Abwesenheit, als sie mit zehn auf die weiterführende

Schule wechselte. Ihre Familie wohnte in Oberherboldsbrück, einer ebenso überschaubaren wie aufgeräumten Gemeinde mit vielen Doppelhaushälften und ohne weiterführende Schule. Insbesondere war Oberherboldsbrück viel schöner als Unterherboldsbrück, eine schmuddelige Siedlung mit Unkraut zwischen den Gehwegplatten. Unterherboldsbrück lag drei Kilometer von Oberherboldsbrück entfernt und hatte ein Schulzentrum. Aber wegen des Unkrauts zwischen den Gehwegplatten kam dieses für Mathildes Eltern kaum mehr in Betracht als eine russisch-orthodoxe Traktoristenschule in Ostkarelien.

Nein, da war es doch viel naheliegender, das Kind um sechs Uhr dreißig in den Shuttlebus nach Neutal zu setzen. Das lag fünfzig Kilometer entfernt, und dort gab es ein modernes Bildungscluster mit extrem vielen Facilities. Hier war Development eine realistische Option für Mathilde, und sie konnte auf wesentlich mehr wettbewerbsrelevante Ressourcen zugreifen als ihre Altersgenossen im geradezu steinzeitlichen Unterherboldsbrück. Insbesondere die PCs mit ihren mächtigen Röhrenbildschirmen hatten es Mathilde angetan. Man übersah sie oft beim Programmieren hinter diesen mächtigen Boten des Fortschritts in Lernblock C, dort wo es den schnellen Internetanschluss gab.

Mathilde war in ihrem Element: Sie pendelte jeden Tag drei Stunden von Oberherboldsbrück nach Neutal. Im Bus sah sie keiner, alle ließen sie in Ruhe. Häuser, Bäume und Straßenlaternen zogen an ihr vorbei, und das Bild hinter der Fensterscheibe kam ihr vor wie ein riesiger Bildschirmschoner. Keinen Stein, keine Rinde, kein Blatt berührte sie mit ihren Fingern. Die Landschaft war auf eine seltsame Art da und doch nicht da. Sie roch nach nichts, sie schmeckte nach nichts, sie zog einfach nur vorüber. Die Wiese war schon wieder vergessen, wenn der Wald auftauchte. Und dieser zog genauso flüchtig vorbei wie das Maisfeld, das von einer riesigen Rapsfläche abgelöst wurde. Nichts von alledem belastete Mathildes Geist, und so konnte sie auf der Fahrt den perfekten Plan aushecken, wie sie heute wieder statt Sport oder Sozialkunde in Lernblock C abtauchen würde. Dann nähme sie Kontakt mit den geheimnisvollen Wesen im Netz der großen weiten Welt auf…

Als Mathilde die Schule verließ, vergaß man sie bei der Zeugnisverleihung. Sie ging am nächsten Tag ins Sekretariat und forderte das Dokument ein. Die Sekretärin sah sie verwundert an und fragte nach ihrem Namen. Dann kramte sie in einem Aktenschrank und fand tatsächlich die gewünschte Urkunde. Kopfschüttelnd blickte sie Mathilde an. Ihr Gesichtsausdruck verriet, dass sie die Absolventin noch nie zuvor gesehen hatte. Vorsichtshalber verlangte sie Mathildes Ausweis. Den legte Mathilde lächelnd vor. Daraufhin erhielt sie das Zeugnis, und es war für sie keine Kränkung, sondern ein Triumph. Es war die ehrenvollste Zeremonie, die

sie sich vorstellen konnte. Stolz hielt sie die Mappe in den Händen und dachte sich: Das habe ich doch perfekt hingekriegt!
Nun ging es auf zu größeren Taten. Mathilde hatte schon drei Stellenangebote von IT-Start-ups. Sie wählte die Firma, die am weitesten von Oberherboldsbrück entfernt lag, und pendelte fortan fünf Stunden täglich. Jeden Morgen setzte sie sich in die Bahn und arbeitete bereits auf ihrem Notebook. Wenn sie abends zurückkam, fiel sie todmüde ins Bett und glitt binnen Sekunden in einen traumlosen Schlaf. Ohne zu frühstücken, saß sie sechs Stunden später wieder in der Bahn und tippte auf der Tastatur.
Mathilde hatte es raus. Sie entwickelte einen Algorithmus nach dem anderen und verknüpfte alle Informationen, die etwas mit ihrer größten Leidenschaft zu tun hatten: Pendelzug mit Auspendeln, Pendelhaltung mit Pendelzugleuchte, Linkspendler mit Nahpendler, Fernpendler mit Pendlersaldo,

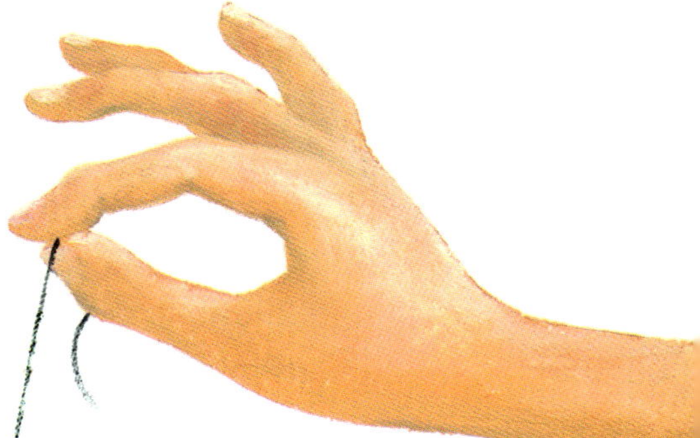

Pendeluhr mit Pendlerpauschale, Gruppenpendeln mit Pendelmoral, Grenzpendler mit Pendelsucht… Es war ein schier unendliches Feld. Mathildes Kompetenz pendelte sich auf höchstem Niveau ein. Sie war einfach die Beste. Sie beherrschte die komplexesten Pendelbezüge und erschien mit ihren Fähigkeiten ganz oben bei den Suchergebnissen.

Nach einem halben Jahr wurde ihr eine Abteilungsleitung angeboten. Da war sie mit Geld schon nicht mehr zu locken. Sie sagte nur zu, weil diese Abteilung in einen Gewerbepark ausgelagert wurde, der von Oberherboldsbrück drei Stunden entfernt lag. Bei sechs Stunden Fahrzeit war an Körperpflege zu Hause nicht mehr zu denken. Mathilde schlief in ihren Klamotten, setzte sich ungekämmt in die Bahn, arbeitete dort am nächsten Pendelalgorithmus und duschte in der Firma. Das brachte ihr einen so exorbitanten Pendlervorteil, dass sie bald darauf die Landesleitung der Firma übernahm. Es versteht sich von selbst, dass sie dafür zwölf Stunden täglich pendelte.

Das Leben ist ungerecht. Während sich so mancher Normalpendler mit ein bis zwei Stunden zufriedengeben muss, bewegen sich die Starpendler in Sphären, die für die meisten Menschen unerreichbar sind. Mathilde Mayer-Schossenstieg nutzte geschickt alle akkumulierenden Pendeleffekte und wurde zum Global Player. Das Rechenzentrum, in das sie schließlich jeden Tag fuhr, nutzte sie als Lager für Shampoo, Zahnbürste und Konfektion.

Zu Hause in Oberherboldsbrück reichte die Zeit nur noch für ein Klatschen an die Haustür. Dann machte sie auf dem Absatz kehrt und pendelte zurück – Weltklasse!
Jüngsten Algorithmen zufolge pendelt Mathilde Mayer-Schossenstieg alias Pendolina mittlerweile 26,57 Stunden täglich, das ist schlicht außerirdisch. Nur dass sie niemand kennt, das ist schon ein kleiner Wermutstropfen. Aber solche Opfer muss man bringen, wenn man ganz oben ankommen will. Und Mathilde Mayer-Schossenstieg kennt wirklich keiner. Nicht mal ich, um ehrlich zu sein.
Der Zug, aus dem ich jetzt steige, hat mal wieder zwanzig Minuten Verspätung. Ich komme zu spät ins Büro, obwohl ich um sieben aus dem Haus gegangen bin. Ich frage Frau Passert, unsere nette Dame an der Pforte, ob sie mich kennt. Aber natürlich, Herr Bodenfest. Spontan falle ich ihr um den Hals. Sie hält mich für ein bisschen verrückt. Aber das ist es mir wert.

Die Omnibusse

von Charles Dickens

Allgemein wird anerkannt, dass die öffentlichen Fuhrwerke ein weites Feld für Unterhaltung und Beobachtung bieten. Von allen öffentlichen Fuhrwerken oder Transportmitteln überhaupt, die seit den Tagen der Arche Noah – doch wohl des frühesten, von dem man weiß – bis auf die Gegenwart erbaut worden sind, loben wir uns einen Omnibus. Eine Diligence ist nicht zu verachten, hat jedoch nur sechs Innenplätze und bietet keine Veränderung, keine Mannigfaltigkeit dar, denn in der Regel machen dieselben Leute die ganze Reise mit uns, werden außerdem nach den ersten zwölf bis fünfzehn Stunden einsilbig und schläfrig, und hat man jemand in seiner Nachtmütze gesehen, so verliert man allen Respekt vor ihm – was wenigstens bei uns der Fall ist. Weiter werden die Leute auf guten, ebenen Straßen oft langweilig und erzählen lange Geschichten, und selbst die Schweigsamen haben vielleicht unangenehme Gewohnheiten. Wir reisten einst vierhundert Meilen in einer Postkutsche mit einem starken Manne, der sich überall, wo die Pferde gewechselt wurden, ein heißes Glas Rum mit Wasser hereinreichen ließ, was ohne Frage höchst unangenehm war. Auch sind wir mehr als einmal in Gesellschaft eines kleinen, blässlichen Knaben mit hellem Haar und ohne bemerkbaren Hals gereist, der unter dem Schutze des Schaffners aus der Schule nach London gebracht und in einem Posthaus abgesetzt wurde, um von dort abgeholt zu werden. Dies ist vielleicht noch schlimmer als Rum und Wasser in einer eingeschlossenen Atmosphäre. Ferner kommt in Betracht die ganze Reihe von Übeln, die aus dem Kutscherwechsel hervorgehen, und die Fatalität der Entdeckung – die der Schaffner unfehlbar in dem Augenblicke macht, wo man einzuschlummern anfängt –, dass er ein Paket haben muss, das er sich deutlich erinnert in den Kasten des Sitzes gelegt zu haben, auf dem man sich der Ruhe überlässt. Ist diese dann auf eine unbestimmte und jedenfalls lange Zeit gründlich gestört, so entsinnt er sich, das Paket in den Kutscherkasten gelegt zu haben, wo es augenblicklich gefunden wird, nachdem er hat halten lassen und ausgestiegen ist. Die Diligence setzt sich wieder in Bewegung, und er bläst, wie zur Verhöhnung des verursachten Elends, sein Horn so laut er nur kann. In einem Omnibus hat man keins dieser Leiden zu fürchten. Die Passagiere wechseln während einer Fahrt wie die Figuren in einem Kaleidoskop und sind, wenn auch nicht so glitzernd, doch weit unterhaltender. Schwerlich ist es jemals vorgekommen, dass jemand in einem Omnibus eingeschlafen wäre. Wem würde es in den Sinn kommen, eine lange Geschichte in einem Omnibus zu erzählen? Und wenn es geschähe, was würde es schaden? Niemand würde ja auch nur das Mindeste davon hören. Kinder findet man zwar bisweilen auch in Omnibussen, allein nicht oft, und wenn es der Fall und der Omnibus, wie in der Regel, voll ist, so sitzt jemand auf ihnen, und man merkt ihre Anwesenheit gar nicht. Ja, wir sind nach reiflicher Überlegung und bei ansehnlicher Erfahrung ganz entschieden der Meinung, dass von allen bekannten Fuhrwerken, von der Glaskutsche an, in der wir zur Taufe gefahren wurden, bis zu dem Leichenwagen, auf dem wir einst unsere letzte, irdische Reise machen müssen, keins einem Omnibus gleichkommt.

From Tübingen to Böblingen with love

von Wladimir Kaminer

Die Lieblingsbeschäftigung vieler Taxifahrer in Deutschland ist es, über das Wetter zu schimpfen. Der Sommer war zu regnerisch, beschweren sie sich, einen richtigen Herbst gab es auch seit zwanzig Jahren nicht mehr, vom Winter schon ganz zu schweigen. Nur gottverdammte Zwischenwetter das ganze Jahr über, so schimpfen die Taxifahrer. Und oft haben sie damit recht.

Doch manchmal hört Gott den Taxifahrern zu und schenkt ihnen Gnade. Dann kommt plötzlich mitten im Januar die Sonne heraus, die Straßen trocknen, der Himmel klart auf, draußen hat es satte zwölf Grad, und die Vögel zwitschern. Gleich versammeln sich Riesenherden von Schülern an kleinen Bahnhöfen. Sie tun so, als würden sie auf einen Zug warten, oder fahren auch tatsächlich mit der Regionalbahn ständig hin und her, wobei sie in Wirklichkeit die Schule schwänzen. Die Erwachsenen lächeln ihnen zu, die meisten haben volles Verständnis dafür und würden auch liebend gerne bei dem Wetter blaumachen.

Als ich in Stuttgart an solch einem sonnigen Tag in den Zug stieg, waren bereits alle Abteile von jungen Leuten belegt. Ich war der Älteste im Waggon und hatte wahrscheinlich als Einziger ein klares Ziel vor Augen, nämlich nach Tübingen zu gelangen. Dort sollte ich in dem Studentenklub *Sudhaus* auf Einladung der dortigen Spaßgesellschaft ein paar saulustige Geschichten vorlesen. Die regionale Tageszeitung *Schwäbisches Tagblatt* hatte das Ereignis bereits angekündigt, der Artikel begann mit den Worten: „Der Russe kommt – das klingt für uns immer noch furchtbar."

Na hallo, dachte ich. Anscheinend hatten die Schwaben hier mit den Russen schlechte Erfahrungen gemacht – in den letzten 200 Jahren. Meine Geschichtskenntnisse ließen mich im Stich, trotzdem wollte ich auf jeden Fall versuchen, meine Landsleute bei der Lokalzeitung zu rehabilitieren. Und sagte deswegen sofort zu, als der Chef des *Schwäbischen Tagblatts* mich anrief und zu einem Interview in die Redaktion einlud. Diese befand sich genau gegenüber von meinem Hotel.

„Gib einmal im Leben eine vorbildliche Russenfigur ab, das muss dir doch gelingen", sagte ich zu mir selbst. Freundlich lächeln, über die Weltkultur plaudern und cool bleiben, mehr braucht es nicht. Und vielleicht kann man auf diese Weise die Russenangst abbauen, dachte ich. Die Zeitung erwies sich als linksorientiert und die Redakteure als überaus freundlich. In der Redaktion herrschte eine familiäre Atmosphäre. Die Mitarbeiter planten offensichtlich gerade eine kleine lokale Zeitungsrevolution: An der Wand hing bereits ein großes sozialistisches Plakat mit Wladimir Iljitsch Lenin, der seine Lieblingszeitung, die *Prawda*, in der Hand hält. Darunter stand: „Die Zeitung ist nicht nur ein Propagandist, sondern auch ein …" Der Rest des Satzes fehlte. „Sondern auch ein Agitator!", vollendete ich die Parole aufs Geratewohl und erntete damit allgemeinen Beifall. Wenig später saß ich schon beim Chef in dessen Kabinett. Wir tranken Kaffee aus einer silbernen Thermoskanne.

„Sie wissen sicherlich, Herr Kaminer, wofür Tübingen berühmt ist, ich meine, wer hier lebte", begann der Chefredakteur das Gespräch.

„Na klar, das weiß doch jeder", antwortete ich.

Das war jedoch pure Angeberei, in Wirklichkeit hatte ich keine Ahnung, wofür Tübingen berühmt war und welche Berühmtheiten hier lebten.

„Mich würde nun interessieren", fuhr der Chefredakteur fort, „welche Beziehungen die Russen zu Hölderlin haben, denn in der deutschen Kultur-

geschichte hat er eine kaum zu überschätzende Rolle gespielt, vielleicht so wie Puschkin in Russland."
„Die Russen haben zu Hölderlin eine komplizierte Beziehung", sagte ich, um Zeit zu gewinnen. Hatte ich von dem eigentlich schon einmal etwas gelesen? In der Schule hatten wir von den Deutschen nur Schiller und Goethe, später noch Brecht im Programm, keinen Hölderlin.
„Eine sehr komplizierte Beziehung zu Hölderlin haben die Russen", betonte ich noch einmal.
Der Redakteur des *Schwäbischen Tagblatts* sah mir misstrauisch in die Augen.
„Er ist in Russland wenig bekannt, obwohl es hervorragende Übersetzungen seiner Werke gibt", erzählte ich weiter. „Doch Hölderlin, wie auch viele andere europäische Dichter aus seiner Zeit, schien für meine Landsleute viel zu sehr mit dem aufklärerischen Gedankengut aufgeladen zu sein, das man in Russland damals noch nicht richtig verarbeiten konnte. Die russische Poesie entstand viel

mehr aus dem Bauch heraus, ohne den Verstand dabei einzubeziehen."
Anschließend erzählte ich alles über die russische Poesie, was wir in der Schule gelernt hatten. Es war ein durchaus gelungener Schachzug, wir waren beide mit dem Interview sehr zufrieden. Auch die Lesung am Abend verlief ohne Komplikationen. Das *Sudhaus* war voll. Ich nahm mir anschließend vor, bei nächster Gelegenheit Hölderlin zu lesen.
Am nächsten Tag saß ich schon wieder in einem Regionalzug, diesmal sollte es nach Böblingen gehen. Das Wetter war immer noch toll, die Sonnen-

strahlen blendeten die Fahrgäste. Lauter Jugendliche türkischschwäbischer Abstammung liefen durch den Zug und schauten mich so misstrauisch an, als wäre ich ein Spion. Weil ich am Abend zuvor in einer Tübinger Kneipe nach der Lesung noch eine halbe Flasche Rum getrunken hatte, fühlte ich mich selbst wie ein James Bond, der sich unterwegs verlaufen und seinen wichtigen Auftrag vergessen hatte. Nun pendelte er sinnlos durch Schwaben hin und her. Einfach nur so: From Russia with Love. Das Rattern des Zuges lieferte mir sofort die passende Melodie:

Ich fahr from Tübingen nach Böblingen,
natürlich mit love,
über Möglingen, Plochingen und Goldberg;
ich sehe faces, places and smiles for a moment,
from Tübingen nach Böblingen with love …

Vereinfachung im Eisenbahnverkehr

von Hermann Harry Schmitz

Der Vater will nach Cottbus. Er hat die Fahrkarte Berlin–Cottbus. Die Karte nützt dem Vater nichts. Der Vater ist ratlos.
Die Fahrkarte gilt für den Eilzug. Der Eilzug ist schon fort. Der Vater will in den Schnellzug steigen. Der Vater darf es nicht. Der Vater weint. –
Ein Schnellzug ist kein Eilzug. Wenn man schnell ist, eilt man nicht. Wer eilt, ist nicht schnell. Die Eile ist langsam. Der Vater hat Eile, will mit dem Schnellzug fahren. Das darf er nicht. Der Vater reißt sich ein Büschel Haare aus. –
Die Fahrkarte des Vaters hat keinen Längsstrich. Hätte sie einen Längsstrich, so könnte er mit dem Schnellzug fahren. Der Längsstrich ist rot. Der

Vater braucht Zuschlagskarten. Es gibt Zuschlagskarten mit breiten Längsstreifen. Der Streifen ist gelb. Der Streifen ist manchmal grün. Der Streifen kann auch braun sein. –
Der Vater geht an den Schalter. Der Vater kauft eine Zuschlagskarte. Der Vater hat einen braunen Streifen. Der braune Streifen nützt dem Vater nichts. Der braune Streifen gilt bis Lübben. Der Vater will nach Cottbus. Der Vater hat in Lübben nichts zu tun. Die Sache geht nicht. Der Vater rennt mit dem Kopf gegen die Wand. –
Der Vater muss eine andere Zuschlagskarte haben. Er braucht einen grünen Streifen. Der Vater will eine Zuschlagskarte bis Cottbus. Eine Zuschlagskarte bis Cottbus gibt es nicht. Der Vater muss eine Zusatzkarte bis Schleife kaufen. Der Vater will nicht nach Schleife. Der Vater hätte eine Sammelkarte nehmen müssen. Der Vater hat das nicht gewusst. Der Vater wird tobsüchtig. –
Man bringt den Vater in die Irrenanstalt. Der Vater

wird von den Wärtern totgeprügelt. Der Vater kommt in den Himmel. Die Strecke nach dem Himmel ist über 150 Kilometer. Der Vater braucht hierzu keinen roten Längsstrich und keinen bunten Streifen und keine Sammelkarte.
Der Vater frohlockt über diese Vereinfachung.

Radlers Seligkeit

von Richard Dehmel

Wer niemals fühlte per Pedal,
dem ist die Welt ein Jammertal!
Ich radle, radle, radle.

Wie herrlich lang war die Chaussee!
Gleich kommt das achte Feld voll Klee.
Ich radle, radle, radle.

Herrgott, wie groß ist die Natur!
Noch siebzehn Kilometer nur.
Ich radle, radle, radle.

Einst suchte man im Pilgerkleid
den Weg zur ewigen Seligkeit.
Ich radle, radle, radle.

So kann man einfach an den Zeh'n
den Fortschritt des Jahrhunderts seh'n.
Ich radle, radle, radle.

Noch Joethe machte das zu Fuß,
und Schiller ritt den Pegasus.
Ick radle!

Pendeln auf zwei Rädern

von Stefan Pinnow

Eins vorweg: Meine Frau und ich sind noch zusammen. Wir sind sogar noch glücklich verheiratet, was – angesichts dieser Geschichte – den ein oder anderen verwundern mag.
Was war passiert? Wir wohnen seit einigen Jahren ziemlich genau in der Mitte zwischen Düsseldorf und Köln. Das ist sehr praktisch, da sowohl die eine als auch die andere Stadt relativ schnell erreichbar ist.
Wie gesagt – relativ. Denn im morgendlichen Berufsverkehr kann es mit der Erreichbarkeit auch relativ schlecht aussehen. Ich musste einmal Sonntagmittag zur Arbeit fahren, und an diesem Tag habe ich dafür 22 Minuten gebraucht. Wenn ich

allerdings unter der Woche morgens nach Düsseldorf fuhr, war es eine andere Uhrzeit. Dann brauchte ich für die Strecke knapp eine Stunde. 60 lange Minuten, die ich im Stau, im Auto, im Wahnsinn saß.
Ich ging also damals jeden Morgen aus dem Haus, um zur Arbeit zu fahren. Und zwar genau fünf Schritte bis zum Auto, das im Carport auf mich wartete, stieg ein, setzte mich hinters Steuer, fuhr eine Stunde nach Düsseldorf, in die Tiefgarage, stieg aus, ging in mein Büro und setzte mich an den Schreibtisch. Einmal habe ich gezählt, wie viele Schritte es von meinem Stellplatz bis hinter meinen Schreibtisch sind. Es sind genau dreißig. Es dauerte also nicht lange, und mein Körper passte sich der kümmerlichen Bewegungsmenge an. Ich war jetzt ein Berufspendler und mein Gewicht pendelte sich irgendwo im oberen Bereich ein. Kein Wunder, mit nur 70 Schritten Bewegung am Tag wog ich irgendwann – gefühlt – 35 Kilo zu viel.

„Du musst was machen“, meinte meine Frau.
„Ja, aber was?“, wollte ich wissen.
Ihre Antwort war ebenso knapp wie bedrohlich: „Sport.“
„Laufen geht nicht“, sagte ich. Ich kann nicht laufen. Also – natürlich kann ich laufen, aber nicht so richtig. Also nicht so, dass es richtig nach Sport aussieht. Ich hasse joggen. Es geht einfach nicht.
„Was dann?“, fragte meine Frau.
„Fahrrad fahren“, sagte ich. „Dafür brauche ich nur noch ein Fahrrad.“
„Du hast doch ein neues Fahrrad“, seufzte sie.
„Das ist mindestens zehn Jahre alt“, seufzte ich zurück.

„Nein“, meinte sie, „du hast es vor zehn Jahren gekauft und seitdem nie benutzt. Also ist es wie neu.“ Sie hatte recht. Ich bin fast nie damit gefahren. Es war so ein stinknormales Cityrad. Aber ich wollte abseits der normalen Wege fahren. Meine Fahrradfahrer-Karriere sollte sofort mit dem Abenteuer beginnen. Ich träumte von einem Mountainbike.
Meine Frau rollte genervt mit den Augen. „Na gut, dann kauf dir ein Mountainbike“, segnete sie die Idee ab.
Es dauerte nicht lange und ich kaufte eins. Endlich wieder radeln. Wie früher. Damals bin ich immer Fahrrad gefahren. Zur Schule, später zur Uni, jeden Tag saß ich auf zwei Rädern. Nun, wo ich zur Arbeit pendeln musste, waren es vier Räder. Aber ich hatte ja jetzt ein cooles, neues Mountainbike – und der Sport konnte beginnen.
Theoretisch. Denn es funktionierte nicht.
Ich hatte mich verkauft. Das neue Rad war furchtbar unbequem. Der Sattel zu hoch, der Lenker zu

tief, jedes Mal stieg ich mit Nacken- und Rückenschmerzen ab, es war der Horror. Das Rad blieb im Schuppen, und ich auf meinem Gewichtsproblem sitzen, da ich noch immer jeden Tag zu viel saß und mich zu wenig bewegte. Inzwischen war ich voll der fette Pendler.

„Ich brauche ein neues Rad", sagte ich irgendwann zu meiner Frau. Sie schüttelte genervt den Kopf. „Ich brauche eins, auf dem ich aufrecht sitze. Mit geradem Rücken."

Ich träumte von einem Hollandrad. Und so verkaufte ich im Internet zuerst das Mountainbike – „So gut wie neu, unbenutzt", schrieb ich in der Anzeige – und kaufte mir in Köln ein nagelneues Hollandrad, das ich hinten ins Auto legte und damit fröhlich nach Hause fuhr. So euphorisch, dass ich glatt die rote Ampel übersah.

Vier Wochen später kam der Bußgeldbescheid. 90 Euro und vier Wochen Fahrverbot. Super. Wie sollte ich jetzt zur Arbeit kommen? Mit der Bahn dau-

erte es noch länger als mit dem Auto. Dann sagte meine Frau eines Tages den entscheidenden Satz: „Fahr doch mit dem Fahrrad."
Ich rollte mit den Augen und schüttelte den Kopf. „Du hast immer so komische Ideen", sagte ich. „Mit dem Fahrrad zur Arbeit! Weißt du, wie weit das ist?"
„Ja, 14 Kilometer, laut Internet", erwiderte sie.
„Weißt du, wie lange ich für die Strecke brauche?", fragte ich noch immer ungläubig, als hätte sie vorgeschlagen, durch den Ärmelkanal zu schwimmen.
„Ja, 45 Minuten, steht hier."
Ich überlegte eine Weile, fand aber immer mehr Gefallen an der Idee und sagte dann: „Das geht aber nicht mit dem ollen Hollandrad. Dafür brauche ich ein richtig gutes Trekkingbike."
Meine Frau stöhnte genervt.

Inzwischen schaffe ich es meist in weniger als 40 Minuten. Denn tatsächlich pendle ich seit ein paar Jahren täglich mit dem Fahrrad zur Arbeit und zurück. Wenn ich heute beim Frühstücken im Radio die Verkehrsnachrichten höre, in denen die Staus angesagt werden, und dass man 20, 30 oder 40 Minuten mehr Zeit einplanen soll, denke ich: Nicht mit mir! Heute bin ich mit dem Rad schneller als früher mit dem Auto. Ich stehe nicht mehr im Stau, ich sitze nicht mehr im Auto, ich trete in die Pedale und habe wieder mein Idealgewicht. Gut, demnächst bräuchte ich vielleicht mal wieder ein neues Rad. Ich habe da eins im Laden gesehen. So ein ultraleichtes, aus Carbon. Vielleicht könnten Sie das meiner Frau erklären …

Augen in der Großstadt

von Kurt Tucholsky

Wenn du zur Arbeit gehst
am frühen Morgen,
wenn du am Bahnhof stehst
mit deinen Sorgen:
Da zeigt die Stadt
dir asphaltglatt
im Menschentrichter
Millionen Gesichter:
Zwei fremde Augen, ein kurzer Blick,
die Braue, Pupillen, die Lider –
Was war das? vielleicht dein Lebensglück …
vorbei, verweht, nie wieder.

Du gehst dein Leben lang
auf tausend Straßen;
du siehst auf deinem Gang,
die dich vergaßen.
Ein Auge winkt,
die Seele klingt,
du hast's gefunden,
nur für Sekunden …
Zwei fremde Augen, ein kurzer Blick,
die Braue, Pupillen, die Lider;
Was war das? kein Mensch dreht die Zeit zurück.
Vorbei, verweht, nie wieder.

Du musst auf deinem Gang
durch Städte wandern;
siehst einen Pulsschlag lang
den fremden Andern.
Es sieht hinüber
und zieht vorüber …
Zwei fremde Augen, ein kurzer Blick,
die Braue, Pupillen, die Lider.
Was war das?
Von der großen Menschheit ein Stück!
Vorbei, verweht, nie wieder.

Verkehrserziehung ist gut, aber…

von Carlo Manzoni

Man soll nie übertreiben. Für alles muss es eine Grenze geben, meine ich. Sie zu überschreiten bringt meist einen Haufen Schwierigkeiten. Vor allem, wenn es sich um Verkehrserziehung handelt. Von ihr will ich nämlich sprechen. Ich möchte klarstellen, dass man die Verkehrsregeln zwar bis zu einem gewissen Grad befolgen, aber nicht unbedingt wörtlich nehmen sollte.

Ein Beispiel:
Ganz plötzlich werden wir alle unerhört wohlerzogen. Versuchen Sie sich so etwas einmal vorzustellen. Das könnte doch vorkommen. Alle Autofahrer

halten sich mit einem Schlag in vorbildlicher Weise an die Verkehrsregeln.
Tommaso fährt mit seinem Wagen die vorgeschriebenen siebzig Kilometer und sieht nach einer Weile im Rückspiegel einen Wagen, der sich mit leicht erhöhter Geschwindigkeit nähert. Tommaso geht mit dem Tempo herunter, um den Mann vorbeizulassen, aber dieser, nennen wir ihn Romeo, überholt nicht. Auch er geht, wie es die Verkehrsregel vorschreibt, mit dem Tempo herunter. Worauf Tommaso noch langsamer fährt und Romeo ein Zeichen gibt, zu überholen.
„Kommt gar nicht in Frage", denkt Romeo, „nie und nimmer werde ich einen so korrekten Fahrer überholen." Er grinst Tommaso freundlich an und gibt mit Handzeichen zu verstehen, er solle ruhig weiterfahren, er werde zurückbleiben.
Tommaso bedankt sich kopfschüttelnd und winkt noch einmal, die Straße ist frei, Romeo könne ruhig überholen. Doch der fährt noch langsamer,

Tommaso desgleichen. Als er merkt, dass Romeo auf keine noch so freundliche Überhol-Einladung reagiert, hält er am Straßenrand, steigt aus und tut, als ob er seinen Schuh zubinden müsste.
Zugegeben, eine lächerliche Ausrede, aber Romeo lässt sich nicht täuschen. Er hält ebenfalls, steigt aus und lüftet freundlich lächelnd den Hut.
Tommaso hat seinen Schuh zugebunden, der ja bereits zugebunden war, grüßt höflich zurück und deutet mit einer einladenden Bewegung auf die freie Straße.
„Bitte", sagt er, „fahren Sie nur los!"
„Danke", antwortet Romeo, „nach Ihnen."
„Aber warum denn", sagt Tommaso, „ich habe keine Eile."
„Ich auch nicht", meint Romeo, „ich bleibe hinter Ihnen."
„Kommt nicht in Frage, ich fahre nach Ihnen. Also los, und keine falsche Höflichkeit, bitte."
„Das soll keine Höflichkeit sein", meinte Romeo.

„Es ist einfach meine Pflicht, Ihnen die Vorfahrt zu lassen."
Romeo geht zu Tommasos Wagen, öffnet die Türe und zeigt auf den Sitz: „Bitteschön!"
Nun geht Tommaso zu Romeos Wagen, öffnet die Türe, zeigt auf den Sitz: „Wollen Sie so freundlich sein!"
Inzwischen hat sich eine kleine Wagenkolonne hinter den beiden gebildet. Einige der Fahrer hupen diskret, ohne unangenehmen Lärm, weil alle mit den neuen, phonschwachen Hupen ausgerüstet sind. Tommaso und Romeo sind immer noch dabei, sich voreinander zu verbeugen und „bitte nach Ihnen" zu murmeln. Die Autos hinter ihnen warten geduldig.

Die Verkehrspolizei erscheint. Sie will den Grund des Staus feststellen.
Die Polizisten beglückwünschen die beiden Männer zu ihrer vorbildlichen Anwendung der Verkehrsregeln, bitten aber, sich endlich zur Weiterfahrt zu entschließen, um nicht den ganzen Straßenverkehr lahmzulegen. Sie lassen sich die Führerscheine zeigen und einigen sich dahin, dass der Ältere Vorfahrt haben soll.
Romeo stellt sich als der, wenn auch nur um ein paar Tage Ältere heraus. Romeo ist gegen diesen Beschluss. Nicht der Ältere soll die Vorfahrt haben, sondern der Prominentere. Tommaso hat einen ziemlich wichtigen Posten in einem Ministerium und verdient so das Vorfahrtsrecht.
Dutzende von Autos bilden nun eine endlose Schlange, und die Polizei entschließt sich zu härteren Maßnahmen.
„Verkehrserziehung ist etwas Schönes“, sagt einer der Polizisten, „wir bewundern ihre außergewöhn-

lich korrekte Anwendung der einschlägigen Vorschriften wirklich, aber man soll auch nichts übertreiben. Sie sehen ja, wohin das führt, und wir kriegen nachher noch einen Anpfiff von unserem Boss. Egal, wer von euch beiden zuerst fährt, Hauptsache, ihr setzt euch nun endlich in Bewegung!“

Diese weisen Worten haben die Wirkung einer Bombe.

Circa achtzig Autos fahren wie der Teufel los, überholen sich ohne Rücksicht auf Blechschäden, eine Staubwolke wirbelt auf, während Tommaso und Romeo mit geballter Kraft auf ihre Gashebel treten und mit zusammengebissenen Zähnen versuchen, wieder an die Spitze der Kolonne zu kommen. Verkehrserziehung ist gut, aber …

Eine Fahrt mit der G-Bahn

von Joachim Ringelnatz

Zwischen drei und vier Uhr sollte sie die Haltestelle in der Bayerischen Straße erreichen – die G-Bahn nämlich, von der Großen Leipziger Straßenbahn. Ich traf eine halbe Stunde zu spät dort ein. Die Bahn war vorüber und nur noch als ein immer kleiner werdendes Pünktchen am Horizont sichtbar.

Aber ich musste mit.

Rasch nahm ich von meinen Kindern Abschied, umarmte meine hochherzige Tante Lina nochmals, welche herzzerreißend schluchzte, und lief im Eiltempo dem Schienenstrang nach.

An der Ecke beim Bayerischen Bahnhof erwischte ich die G-Bahn. Wie ich gehofft hatte, war dort die

Stange vom Draht geglitten und dadurch ein erheblicher Aufenthalt entstanden.
Der höfliche Kondukteur kam mir eine Strecke weit entgegen und half mir in den Wagen. Da es meine Absicht war, die G-Bahn auf der Strecke bis Gohlis und zurück von allen Seiten zu studieren, postierte ich mich zunächst auf dem Hinterperron, wo ich für zehn Pfennig eine Fahrkarte und für fünf Pfennig ein militärisches Honneur erwarb.
Es war ein erhebender Gedanke, auf den oft geschilderten Brettern zu stehen, vor mir eine Reise nach – Gohlis! Leider verbot mir der Schaffner, eine Hängematte im Wagen zu befestigen.
Da – plötzlich – keine Täuschung: Wir fuhren bereits. Famoser Anblick, wie wir uns durch das Leben und Treiben der Kurprinzenstraße und des Augustusplatzes Bahn brachen. Gellend drang das unaufhörliche Klingelsignal vom Vorderperron, vor dem (nämlich dem Klingelsignal) sich die Leipziger infolge der Macht der Gewohnheit gar nicht

mehr zu fürchten schienen. Dabei stiegen fortwährend Menschen ein und aus, oft verwegen, ja tollkühn. Von einigen hörte ich, dass sie gleich mir bis zur Endstation wollten. Denen schloss ich mich näher an und wir machten Brüderschaft.

Anfangs notierte ich mir die Stationen, auf denen wir länger als fünf Minuten hielten; später, als sie zu häufig wurden, musste ich das aufgeben.

Am neuen Theater war wegen Pflasterung eine Hilfsweiche gelegt, die wir nur langsam passieren durften. Ich benutzte diese Gelegenheit, um mich im nahen Theatercafé an einer Tasse Kaffee zu erquicken.

Nach meiner Rückkehr setzte ich mich ermüdet in das Innere des Wagens zu einem kleinen Schläfchen. War es das Rütteln und Rattern der Räder oder die mit jeder Reise verbundene Aufregung, jedenfalls wurde ich von einem beängstigenden Traum geplagt. Ich war zwischen zwei gegeneinanderprallende G-Bahnen geraten und schlug mich nun mit den beiden Wagenführern herum, welche die Schuld an dem Unfall auf mich wälzten und auf Schadensersatz für die zertrümmerten Puffer bestanden. Ein heftiger Stoß weckte mich aus dieser quälenden Einbildung. – Die G-Bahn war entgleist. Ich musste sehr lange geschlummert haben, denn wir befanden uns schon in der Pfaffendorfer Straße. Während wir Passagiere den Wagen wieder in die Gleise setzen halfen, erzählte mir jemand, dass unterwegs eine Frau, die neben mir gesessen hatte, von einem freudigen Ereignis überrascht worden wäre. Personal und Fahrgäste hatten sie

mitsamt dem neuen Lebewesen, welches – einem alten Schiffsbrauch entlehnt – den Beinamen „G-Bahn Nr. 140“ erhalten sollte, in das nächste Hotel gebracht und dort in Eile ein kleines Festessen veranstaltet.

Um die dadurch verursachte Verspätung wieder einzuholen, fuhren wir jetzt über den Exerzierplatz mit „äußerster Kraft“. Es war eine aufregende Strecke! Links und rechts schwebte die breite, unbebaute Wiesenfläche an uns vorüber. Viele Fußgänger überholten wir. Einige davon schüttelten uns herzlich die Hände, indem sie uns Segenswünsche auf den weiten Weg mitgaben. Ich hatte mich zu dem Wagenführer gesellt, einer würdigen Männergestalt mit silberweißem Haar und Bart. Der freundliche Alte erzählte mir viel von der G-Bahn und den Reisen, die er mit ihr gemacht hatte. „Das ist meine Heimat, in der ich groß geworden bin“, sagte er, auf den Wagen deutend, bewegt. „Heute ist gerade meine 24. Fahrt mit diesem Schiff.“

Ich übergehe jetzt in meiner Schilderung einige Stationen. Die Fahrt nahm mit der Zeit, als wir den Gang des Bahnlebens und die gewaltsamen Unterbrechungen durch *Force majeure*, wie Stromversagung, Entgleisung, Einschlafen des Führers usw. gewohnt wurden, doch einen gewissen eintönigen Charakter an.

An der Gohliser Kirche brachte mir der Briefträger die ersten Nachrichten von meiner Tante. Sie beschwor mich in einem fünfseitigen Brief, die furchtbare Reise aufzugeben. Ich beruhigte sie auf einer Ansichtspostkarte, die ich dem Briefträger gleich mitgab. Und weiter rollten wir, durch die Menckestraße an dem historischen kleinen Häuschen vorbei, wo Schiller 1785 das *Lied an die Freude* schrieb. Ich ließ mir das Fremdenbuch herausreichen und trug im Vorbeifahren eine dem großen Dichter gewidmete Ballade ein. Gleichzeitig hatte einer der Herren, mit denen ich mich näher befreundet hatte, eine Staffelei auf dem Hinterperron aufgestellt und das alte malerische Schillerhaus zu Papier gebracht. Doch ich will mich kurzfassen. Ich erreichte das Depot – als einziger Überlebender oder vielmehr Aushaltender. Die anderen waren abgesprungen – oder -geworfen.

Columbus, als er Land erblickte, mag ähnliche Gefühle gehabt haben, wie sie mir im Depot der Großen Leipziger Straßenbahn in Gohlis die Brust bewegten. Und doch war mein Ehrgeiz noch nicht befriedigt. Ich fuhr zurück mit demselben Wagen der G-Bahn. Über meine Erlebnisse und Beobachtungen auf der Rückreise berichte ich ein andermal. Heute nur so viel, dass ich gesund und wohlbehalten, wenn auch etwas gealtert, nach Hause kam.

Meine Tante hatte mich längst bei der Polizei als „verschollen" gemeldet. Sie erkannte mich zuerst gar nicht wieder. Mein Haar war auf der Fahrt stark verblichen. Erst als ich ausrief: „Ich bin's, Gottlieb, von der G-Bahn zurück!", erkannte sie mich und fiel mir weinend in die Arme.

Matthäus-Passion

von Jess Jochimsen

Wenn mich Leute fragen, wo ich denn so arbeite als Kabarettist, antworte ich: „Ach, meistens bin ich auf Tournee."
Damit hat sich dieses heikle Gesprächsthema oft schon erledigt. „Tournee" klingt gut und scheint ausreichend erklärenden Charakter zu besitzen: *the sound of Scheinwerferlicht*, nächtliches Dahingleiten im Night-Liner-Bus, Glamour, Groupies und Fernseher-aus-Hotelzimmer-Werfen. Auf jeden Fall fragt selten jemand nach, wie es so zugeht in den Metropolen der Republik, man will den Star doch nicht mit provinzieller Neugier nerven.
Ist auch besser so, denn in Wirklichkeit fährt der Kabarettist mit der Bahn und sein Tourplan ist selbst schon Kabarett: „13.04. VHS Laichingen, 14.04. Kleinkunstbühne Strunzenöd (Abo + freier Ver-

kauf), 15.04. Vereinssaal, Herzogenaurach." Und schon damals hätte ich stutzig werden müssen: eine Bühne mit dem schönen Namen „Vereinssaal" und ein Veranstalter, der in breitestem Fränkisch bereits am Telefon mehrfach betonte, dass er in der SPD sei. Wie auch immer, es ist über drei Jahre her, dass ich dort gastierte, und, um der Chronistenpflicht Genüge zu tun, werde ich ohne ein Wort der Lüge schildern, wie es gewesen ist: Ich erreichte Herzogenaurach wie durch ein Wunder mit öffentlichen Verkehrsmitteln und bestieg ein Taxi. Ja, es gibt ein Taxi dort. Genau eins. Nicht, dass ich den Taxifahrer gefragt hatte, aber nach dreißig Sekunden Fahrzeit platzte er heraus: „Da drüben war sein Vadder Hausmeister. Deswechen Puma."

Alles klar. Ich verstand kein Wort, aber ich war fremd hier, also nickte ich. Erfreut über den verständnisvollen Gast, führte der Fahrer weiter aus: „Wechen die Kondagte – und in d'r Nadionalmannschaft muss er ja mit Adidas-Schuhe spiel'n. All-

mächt, das ist ja des Broblem. ER hat Größe 40!"
Zum Teufel – WER? Ich weiß nicht, wie blöd ich geguckt haben mochte, aber dem Gesichtsausdruck meines Chauffeurs nach zu urteilen wohl ziemlich blöd.
„Ist Ihna ned gut?"
„Alles okay", sage ich, „aber wo bin ich hier? Was wollen Sie?"
„Ich wollt' Ihnen bloß bissel die Stadt zeich'n." Der Taxifahrer sah mich an, als wäre ich von einem anderen Planeten. „Da drüben ist der Blatz vom FC, da hat er ang'fangen, d'r Loddar."
Endlich begriff ich: Herzogenaurach, die Metropole der Sportartikelhersteller, die Heimatstadt von IHM, von Lothar Matthäus!
Waren wir einander fremd, sprachen wir doch dieselbe Sprache.
„Na, dann zeigen Sie mal Ihren Planeten", sagte ich, glücklich über den wiedergefundenen Sinn des Lebens.

„Da ist die Eisdiele."
Ah, wie spannend.
„Da hat ER die Silvia kennag'lernt. Und da ist ER zur Schule gegangen."
In der Eisdiele? Das erklärt einiges. ER! Ich war in Matthäus-City, es würde hier nicht einen Strauch geben, an den ER nicht irgendwann seinen göttlichen Urin abgeschlagen hatte, so viel war sicher. Ich mache die Probe aufs Exempel: „Schöne Allee da drüben."
„Ja – an de Bäum hat ER nabrunzd als Bub."
War ja klar.
„Und was ist das für ein großes Haus dort?", wollte ich wissen, als wir an der Kirche vorbeifuhren.
„Ach die Kerch, die kaddolische. Da ist er '82 ausgedredn. ER ist jet Broddesdant."
Natürlich! Der Taxler kam langsam in Fahrt: „Und horch jetzt, den Zaun da hat ER komplett abg'räumt. Im Vollsuff is er da nei – mit sei'm Borsche."

Respekt, dachte ich, der Zaun stand mitten auf einer Wiese, etwa dreißig Meter von der Straße entfernt. Wie breit musste man da sein?
„Aber von den Herz'g'naurachern hat IHN keiner angezeicht", sagte mein Fremdenführer stolz, „schließlich war der Zaun früher noch ned da."
Ich versuchte einen Witz: „Einem Lothar Matthäus baut man nicht einfach so einen Zaun in irgendeine Wiese, nicht wahr?"
„Genau", brummte der Fahrer, ohne auch nur den Ansatz von Humorbereitschaft zu zeigen. Das konnte ja heiter werden, ein falscher Satz über IHN, und sie töten mich hier.
„Und heute", bemerkte mein Chauffeur, als ich ausstieg, „heute spielt ER gechen Frankfurt."
Mein Gott, ein einzelner Mann gegen eine ganze Stadt!
Um mich etwas zu zerstreuen, ging ich in einen Buchladen. Die Verkäuferin reichte mir unaufgefordert das Werk *Mein Tagebuch* von Lothar

Matthäus. Was sonst. Ich bezahlte widerstandslos und begann zu blättern. ER schrieb präzise, aber doch in schönen Bildern: „Mein Terminkalender platzt."

Ich versuchte, mir das bildlich vorzustellen. Bumm. Bei der Bühne angekommen, bat mich der Veranstalter, dem man die SPD förmlich ansah, mit meinem „Gabbaredd" doch bitte bis 21.00 Uhr fertig zu sein. „Fußball", fügte er hinzu und zeigte mir verstohlen sein Transistorradio. Ich hatte nichts anderes erwartet.

Das Publikum bestand aus 120 Frauen und dem Veranstalter. Punkt neun verabschiedete ich mich artig und versprach aus vollem Herzen, nie mehr wiederzukommen. Dafür gab es den größten Szenenapplaus des Abends.

In diesem Punkt aber hatte ich gelogen, denn vor Kurzem war ich doch noch einmal in Herzogenaurach. Privat. Einfach so. Ich weiß gar nicht genau, wieso. Vielleicht, um nachzusehen, wie es heute so ist, jetzt wo der Ruhm des berühmten Sohnes verblasst ist. Das Taxi gab es nicht mehr, ansonsten schien sich nichts verändert zu haben. Ich wohnte in demselben beschissenen Hotel wie das letzte Mal, mein Zimmer sah so aus, wie ich es verlassen hatte. Die Stadt auch: saubere Plätze, alte Häuser und an den Rändern der Ausfallstraßen reichlich Baumpatenschaften. Ein normales Kaff. Eine dieser fränkischen Kleinstädte, wo man sich fragt: Hätten die Alliierten bei ihren Bombenangriffen auf Nürnberg nicht ein bisschen ungenauer zielen können? Manchmal ist das Leben nur teilweise gerecht. Über Lothar Matthäus spricht kein Mensch mehr, aber Herzogenaurach steht immer noch.

Es ist gefährlich, im Bette zu liegen

von Mark Twain

„Auch ein Unfallversicherungsbillet?“, fragte der Mann am Schalter.
„Nein“, entgegnete ich nach kurzem Überlegen, „nein, ich glaube nicht. Heute fahre ich den ganzen Tag mit der Eisenbahn. Aber – warten Sie einmal – morgen bin ich nicht auf Reisen. Geben Sie mir eins für morgen.“
Der Mann sah mich verblüfft an. Dann sagte er: „Aber die Versicherung ist ja gerade gegen Unfälle. Und wenn Sie mit der Eisenbahn reisen –“
„Da habe ich keine Furcht. Man läuft nur Gefahr, wenn man zu Hause bleibt und im Bette liegt.“
Ich hatte mich über diese Angelegenheit gründlich unterrichtet. Im vergangenen Jahr war ich zwanzig-

tausend Meilen, hauptsächlich mit der Eisenbahn, gefahren, vor zwei Jahren hatte ich fünfundzwanzigtausend Meilen zurückgelegt, teils mit dem Dampfboot, teils mit der Eisenbahn, vor drei Jahren nahe an zehntausend Meilen, ausschließlich mit der Eisenbahn. Wollte ich noch alle die verschiedenen kleinen Reisen in Anschlag bringen, die ich im Laufe der drei letzten Jahre bald hierhin, bald dorthin unternommen habe, so würden zusammen wohl sechzigtausend Meilen herauskommen – und das alles ohne einzigen Unfall.

Eine Zeit lang dachte ich jeden Morgen bei mir: „Na, bis jetzt bin ich noch immer gut weggekommen, umso größer ist aber auch die Wahrscheinlichkeit, dass ich diesmal etwas abkriegen werde. Ich will schlau sein und mir ein Unfallbillet lösen." Aber so oft ich das tat – jedes Mal zog ich eine Niete und legte mich am Abend mit heilen Knochen, und ohne dass mir ein Glied ausgerenkt war, zu Bette.

Schließlich bekam ich diese tägliche Plackerei satt und kaufte mir nur noch Unfallbillete, die für einen Monat gültig waren. Ich sagte mir: „Wenn man ein ganzes Bündel von dreißig Stück auf einmal kauft, können es doch unmöglich lauter Nieten sein."

Aber ich irrte mich. In dem ganzen Haufen war nicht ein Gewinn. Täglich las ich von Eisenbahnunfällen – sie lagerten wie ein Nebel über der ganzen Zeitungsatmosphäre, aber niemals kam etwas davon auf mein Teil. Ich musste mir eingestehen, dass ich in dem Unfallgeschäft viel Geld vertan hatte und für mich nichts herausgekommen war.

Mein Argwohn erwachte. Ich begann mich nach jemandem umzusehen, der bei dieser Lotterie einen Treffer gezogen hatte. Zwar fand ich viele Leute, die ihr Geld darin anlegten, aber keinen Menschen, der je einen Unfall gehabt oder einen Cent damit verdient hatte. Nun kaufte ich keine Unfallbillete mehr, sondern begab mich ans Rechnen und kam

zu einem erstaunlichen Ergebnis: Die Gefahr lag nicht im Reisen, sondern im Zuhausebleiben.
Ich verschaffte mir statistische Berichte und fand zu meiner Überraschung heraus, dass nach all den fettgedruckten Zeitungsüberschriften, welche Eisenbahnunfälle ankündigten, doch nicht einmal dreihundert Menschen während der letzten zwölf Monate wirklich ihr Leben durch solche Unfälle verloren hatten.
Die Eriebahn war die mörderischste auf der ganzen Liste. Sie hatte sechsundvierzig oder sechsundzwanzig Menschen umgebracht – ich erinnere mich nicht mehr genau an die Zahl, nur so viel weiß ich, dass sie doppelt so groß war wie bei jeder anderen Bahn. Doch fiel mir dabei sofort ein, dass die Eriebahn eine ungeheure Länge hat und den größten Geschäftsbetrieb von allen Bahnen des Landes. Da ist es leicht begreiflich, dass sie noch einmal so viele Tote aufweisen kann wie die übrigen.

Als ich weiter rechnete, fand ich heraus, dass zwischen New York und Rochester auf der Eriebahn täglich acht Personenzüge hin- und zurückfahren, also zusammen sechzehn, welche durchschnittlich sechstausend Reisende befördern. Das beträgt in sechs Monaten etwa eine Million – so viel wie New York Einwohner hat.

Nun denn: Die Eriebahn tötet von ihrer Million zwischen dreizehn und dreiundzwanzig Personen in sechs Monaten, und in der gleichen Zeit sterben von der in New York wohnenden Million dreizehntausend in ihren Betten! –

Mich überlief eine Gänsehaut, die Haare standen mir zu Berge. „Wie entsetzlich!", rief ich aus. „Nicht das Reisen mit der Eisenbahn bringt die Menschen in Gefahr, sondern dass sie sich den todbringenden Betten anvertrauen. Nie wieder will ich in einem Bett schlafen!"

Hiernach wird es der Leser nur natürlich finden, dass ich dem Billetverkäufer am Schalter die oben

erwähnte Antwort gab. Mit den Betten, vor denen mir graut, will ich es nicht noch einmal versuchen. Für mich sind die Eisenbahnen gut genug.
Auch ist mein Rat für jedermann: Bleibt so wenig zu Hause wie irgend möglich; aber wenn ihr einmal durchaus zu Hause bleiben müsst, dann kauft euch ein Paket Versicherungsbillete und legt euch nachts nicht schlafen. Man kann gar nicht vorsichtig genug sein.

Die Moral dieses Aufsatzes ist, dass Leute, die sich nicht die Mühe geben, nachzudenken, ganz unnötigerweise über die Eisenbahnverwaltung der Vereinigten Staaten murren. Wenn wir uns überlegen, dass das ganze Jahr hindurch, Tag und Nacht, mehr als

vierzehntausend Eisenbahnzüge der verschiedensten Art, mit Menschen beladen, deren Leben oder Tod in ihrer Gewalt ist, durch die Lande donnern und jagen, so werden wir uns nicht darüber wundern, dass sie dreihundert menschliche Wesen in einem Jahr umbringen, sondern vielmehr darüber, dass ihnen nicht dreihundert mal dreihundert zum Opfer fallen.

Pendel(ab)gründe

von Käthe Lachmann

Das Gute ist: Wir sind ja wahnsinnig mobil heutzutage. Alle. Pendeln ist ja überhaupt kein Thema mehr. Alle pendeln. Von hott nach hüh und von ttoh nach hüh. Oh, ein Palindrom! Nein, das ist keine Krankheit, das ist eine Buchstabenreihung, die vorwärts wie rückwärts gelesen identisch ist. Wenn ich pendeln müsste, würde ich am liebsten mit dem Zug pendeln. Und zwar würde ich am allerliebsten einfach darin sitzen bleiben. Von Hamburg nach Berlin fahren und wenden und wieder zurückfahren. Immer hin und her, bis endlich Wochenende wäre und ich eine Rundreise mit dem Zug machen könnte. Mal woanders hin. Nach Hannover oder so. Oder nach Koblenz, das ist ja auch eine herrliche Strecke! Ich sag nur: Loreley. Ich würde es mir gemütlich machen im Zug. Na-

türlich hätte ich eine Bahncard 1000 und ein eigenes Abteil. So wie Udo Lindenberg eine eigene Suite im Hotel Atlantik hat, hätte ich ein sehr geräumiges Abteil im ICE Marie-Louise Marjan, vielleicht am besten das Kleinkindabteil, das hat ja die farbenfrohste Inneneinrichtung, oder ich würde mir mein Abteil schön tapezieren lassen mit Raufaser und gestrichen in einem freundlichen Bio-Cremeweiß. Oder, halt, gleich mit Rauputz verputzt. Das mag ich ja eigentlich am liebsten.
Apropos am liebsten: Mein Abteil sollte natürlich direkt neben dem Klo sein. Neben meinem Klo, versteht sich. Meine eigene Nasszelle möchte ich schon im ICE. Und einen offenen Kamin. Der müsste aber auch nicht unbedingt sein, der würde mir auch als Bildschirmschoner reichen. Da ist es nicht so schlimm, wenn man einschläft vor dem Feuer. Ich verstehe ja übrigens Menschen nicht, die vor dem Fernseher einschlafen. Außer, man guckt sich die schönsten Bahnstrecken der Welt an, ohne

Ton. Oder vielleicht sogar mit Ton, wenn das ein bisschen rumpelt und rattert, ist das dem Schlaf gewiss zuträglich.
Natürlich möchte ich beim Pendeln, was ja vielleicht ungewöhnlich ist, auch Gäste empfangen. Auf der anderen Seite ist das sehr gewöhnlich, schließlich empfängt man ja dort, wohin man pendelt, in seiner kleinen Pendlerwohnung oder im Büro, auch manchmal Gäste, also weshalb nicht in meinem Abteil? Die müssten sich allerdings die Schuhe ausziehen und dicke Socken von mir borgen. Oder Hotelschlappen, die ich aus meiner Tour-Zeit noch in mehreren Ausführungen besitze. Schließlich ist ein Bahnhof meist eher nicht so sauber, und gerade im Herbst/Winter möchte man nicht den ganzen Modder in seinem Abteil haben. Sehr wahrscheinlich hätte ich, um stets frischen Tee anbieten zu können, einen Samowar in meinem Abteil und einen Balkonkasten mit frischer Minze und Salbei vor dem Fenster. Allerdings käme ich nur

an Haltebahnhöfen mit längerem Aufenthalt daran, denn ich müsste von draußen mithilfe meines IKEA-Hockers Bekväm, der nach diesem Schönlingsfußballer mit der mürrischen Ehefrau benannt ist, hinaufklettern zu meinem Balkonkasten, um frische Kräuter zu ernten, weil man das Fenster nicht öffnen kann im ICE. Und – Moment, mein Freund hat mir gerade über die Schulter geschaut und mitgelesen und er meint nun, da wächst nix, weil der ICE zu schnell ist, da kommen die Kräuter nicht mit. Verstehe ich. Und er fragt: „Findest du, dass das Pendeln ist? Ich nicht. Du fährst doch nur rum! Und wo bin ich eigentlich in deiner Utopie?“ Genau so hat er gefragt. Und er hat ja vielleicht recht. „Überleg doch mal, wie es wäre, wenn du wirklich richtig pendeln müsstest! Wenn etwa ich dein Pendelgrund wäre!“, hat er auch noch gesagt. Und das fand und finde ich irre romantisch. Wahrscheinlich gibt es schon unzählige Lieder mit dem Titel: „I want to be your Pendelgrund.“ Oder so.

Also, wenn meine Wohnung und mein Lebensmittelpunkt und meine Arbeit meinetwegen in Saarbrücken wären und mein Freund in Hamburg, dann – boah, Saarbrücken ist extrem weit! Da müsste dann schon er pendeln. Wir nehmen mal Berlin. Berlin – Hamburg geht. Ich lebe in Berlin, er in Hamburg, da könnte ich mit dem Zug hinpesen. Immer hin und her. Ach nee. Ich muss ja realistisch bleiben.
Ich hätte in Berlin eine Wohnung und er in Hamburg. Und recht bald würden wir sagen, ist doch Quatsch mit den beiden Wohnungen, ich bin eh ganz oft in Hamburg, ich nehme mir jetzt nur ein kleines WG-Zimmer in Berlin. Aber da wäre ich ja schön doof, meine Wohnung aufzugeben!
Ich würde lieber eines der beiden Zimmer vermieten. An eine australische Sprachstudentin, eine reizende junge Frau, mit der ich mein Englisch auffrischen könnte beim gemeinsamen Kochen. Was kocht man eigentlich so in Australien? Hof-

fentlich essen die nicht wirklich Kängurus. Das täte mir sehr leid. Das scheinen doch recht freundliche Tiere zu sein! Vielleicht sollte ich Sam (von Samantha) lieber in die europäische Küche einführen. So mit Erbsensuppe und Spaghetti Aglio-Olio mit einem schönen gemischten Salat, wegen der Vitamine und Ballaststoffe.
Wenn ich überhaupt zum Kochen käme! Gerade am Anfang wäre ich wahrscheinlich sehr beschäftigt, schließlich müsste ich immerzu alles nochmal kaufen, was ich gerade in der anderen Wohnung hätte. Dadurch hätte ich unfassbar viele Wimperntuschen, weil ich die Hamburgwimperntusche immer aus Versehen nach Berlin mitnehmen und dann unterwegs verlieren würde, oder immer wieder neue in Berlin kaufen und nach Hamburg mitnehmen, dort aber erst wiederfinden würde, wenn ich mir schon eine neue in Hamburg gekauft hätte, und der Witz ist: Es gibt so wahnsinnig viele Wimperntuschensorten, da will man jedes Mal eine

neue ausprobieren, anstatt vernünftig zu sein und die zu nehmen, die man gut findet. Aber dann gibt es „Extra-Volumen“ und „Mega-lange-Wimpern-Effekt“ und man will aber beides, Dichte und Länge, dafür gibt es dann auch eine, die ist dann aber nicht wasserfest, dann gibt es eine mit „Falsche-Wimpern-Effekt“, da fragt man sich, ob man das möchte, da könnte man ja gleich mit falschen Wimpern arbeiten, was man aber auch nicht will, aber kann ein Effekt denn gleich oder ähnlich sein wie die Realität? Nee, oder? Einen Effekt will man nicht. Ein Effekt bedeutet Lug und Trug. Schwung ist noch wichtig. Die Wimpern sollen nicht abstehen wie die Dachschindeln an einem (mit Dachschindeln gedeckten) Satteldach, sie sollen einen weichen, sehr wahrscheinlich verführerischen Schwung haben, wie die Spitze eines Schnabelschuhs. Aber das führt zu weit.

Ich hätte also wahnsinnig viele Wimperntuschen. Und Strumpfhosen. Und Ohrstöpsel. Und mehrere Pyjamas, aber den, den ich am liebsten hätte, würde ich immerzu mitnehmen, je nachdem, wo ich übernachten müsste, sodass die anderen Pyjamas sich immer fragen würden: „Wozu hat sie uns eigentlich gekauft, die dumme Nuss, wenn sie uns eh nie anzieht? Sind wir ihr nicht gut genug, oder wie oder was?" Wobei ich nicht glaube, dass Pyjamas sich etwas fragen. Dazu müssten sie ja denken. Und das tun sie gewiss nicht. Noch nicht. Die werden aber gewiss auch noch erfunden, denkende Pyjamas. Zu welchem Zweck? Na, der wird auch noch erfunden. Der Zweck.

Ich müsste also jedenfalls sehr viele Sachen doppelt haben und hätte dann das Problem, dass ich die meisten Sachen doppelt an einem Ort hätte, und dann würde ich sie mir an dem anderen Ort nochmal kaufen und hätte sie dann dreifach an einem Ort, dann vierfach, und irgendwann könnte ich in Hamburg ein Warenhaus mit Gebrauchtwaren aufmachen und dort dann sesshaft werden, denn da-

von könnte ich sehr gut leben und müsste nie wieder pendeln.
Dann würde ich Sam, die sich inzwischen in einen Berliner Mechatroniker (ich mag dieses Wort sehr gern, wenn ich auch nicht genau weiß, was jemand mit dem Beruf eigentlich genau macht) verliebt hätte und mit ihm gern zusammenziehen würde, die gesamte Berliner Wohnung untervermieten und ganz nach Hamburg zu meinem Freund ziehen und mein Warenhaus betreiben.
Wenn ich aber mein Kaufhaus in Berlin betreiben würde, weil ich da ja meine Wohnung und meine Freunde hätte, würde wahrscheinlich mein Freund pendeln müssen, weil man als Kaufhausbetreiberin auch mal am Wochenende arbeiten muss, die Flure durchwischen und Supersonderangebots-Schilder malen und so. Und wenn mein Freund pendeln würde, würde er sich sehr vieles doppelt kaufen, weil er wieder etwas in Hamburg, respektive Berlin, vergessen haben würde, und dann ginge für ihn

alles von vorne los, wobei ich dann ja schon ein Warenhaus hätte, das enorm attraktiver für die ganzen Pendler würde, wenn dort auch Herrensachen feilgeboten werden könnten.
Eigentlich eine schöne Vorstellung. Aber: Es gibt Dinge, die kauft man sich nicht einfach so doppelt. Zum Beispiel ein Fahrrad. Wenn man mehr als zufrieden ist mit seinem herrlichen Rad in der einen Stadt, dann versucht man gar nicht erst, ein ähnlich tolles in der anderen Stadt zu finden. Denn: Wie schnell passiert es einem, dass man plötzlich in der anderen Stadt ein viel tolleres findet! Das möchte man natürlich erst nicht zugeben, aber man ertappt sich irgendwann dabei, dass man in Hamburg auf dem „alten" Rad sitzt, das man immer fantastisch gefunden hat, das man sogar hat aufrüsten lassen mit einer Nabengangschaltung und unplattbaren Reifen und einem schicken Ledersattel – dass man, noch während man auf diesem wunderbaren, hochmodernisierten Rad sitzt, denkt: Das, was ich

neulich in Berlin probegefahren habe, war irgendwie leichtgängiger.
Und wenn man das bemerkt, ist es schon vorbei. Dann findet man das Hamburger Rad plötzlich enorm schwerfällig. Man ist nach einer dreiminütigen Fahrt zum kleinen REWE genauso erschöpft wie nach anderthalb Stunden Mittagschlaf. Ja, ein Mittagschlaf darf nur ganz kurz sein, sonst ist der Rest des Tages im Eimer!
Und genau so ist es mit einem Vergleichsrad. Besser, man nimmt eines dieser Leihräder in der anderen

Stadt, eines, das schon ein bisschen heruntergekommen aussieht, sodass man sich nach seinem herrlichen Rad in seiner eigentlichen Stadt sehnt und die ganze Zeit auf dem Leihrad denkt: „Jetzt so ein Rad wie zu Hause – das wär's doch! Wie freue ich mich auf mein Rad!"

Manche Sachen muss man einfach doppelt haben, wenn man pendelt. Das ist einfach so und man kann sich da nichts vormachen. Etwa ein Bett. Und selbst wenn viele pendelnde Leute sagen: „Ich kann überall schlafen!", oder: „Ich kann nirgendwo so richtig gut schlafen!", also das sagen meist nur pendelnde Frauen, dann gibt es ganz tief in den Leuten und den Frauen drin doch einen Ort, an dem sie ein ganz kleines bisschen besser schlafen können. Ein ganz kleines bisschen mehr freuen sie sich auf das Bett in Konstanz. Oder Bietigheim-Bissingen. Sie wollen es nur nicht zugeben, weil sie Angst haben, dass sie, wenn sie sich für die einzigartige Gemütlichkeit des Konstanzschen Bettes entschieden

haben, in Bietigheim-Bissingen überhaupt nicht mehr schlafen können. Und, was soll ich sagen: Die Angst ist berechtigt.
Denn selbst wenn sie genau das gleiche Bettgestell, den gleichen Lattenrost und exakt die gleiche Kaltschaum-Markenmatratze kaufen, wird der Schlaf in Konstanz oder Bietigheim-Bissingen, je nachdem, was man für sich herausgefunden hat, besser sein. Das kann an allem Möglichen liegen: an einem kleinen Spalt in der Jalousie, an den Warmwasserleitungen, die man in einem Zimmer hört, im anderen nicht, daran, dass der Partner oder die nette Nachbarin in der einen Wohnung, beziehungsweise in der Nachbarwohnung, zugegen ist, dass man in der einen Wohnung frei hat, in der anderen arbeiten muss, oder dass man in der einen immer seinen Lieblingspyjama vergisst.
Sie merken schon: Ich stelle es mir unheimlich schwierig vor, zu pendeln.
Deshalb bin ich froh, dass ich es nicht muss.

Quellen

Thomas Göthel, Pendelzug,
© beim Autor

Axel Hacke, Übergangsreisender,
aus: Axel Hacke, Wortstoffhof,
© Verlag Antje Kunstmann GmbH, München 2008

Jess Jochimsen, Matthäus-Passion,
aus: Jess Jochimsen, Flaschendrehen oder: Der Tag, an dem ich Nena zersägte,
© 2002 dtv Verlagsgesellschaft, München

Wladimir Kaminer,
From Tübingen to Böblingen with love,
© beim Autor

Käthe Lachmann,
Pendel(ab)gründe,
© bei der Autorin

Wir danken den Autoren und Verlagen für die freundliche Abdruckgenehmigung.